Hartmut Ronge

Das Jesusbäbi hat gleich einen Krippenplatz bekomen

Kinder erklären Weihnachten

LAPPAN

Der Aventskalender hat viele
Türen damit man wie Maria und
Josef nach Zimmern fragen Kann
und dann als Trost
Schokolade Kriegt.

1
2
3
4
5
6
7
8
9
10
11
12
13
14
15
16
17
18
19
20
21
22
23
24

Zu Weihnachten
muss man alle
Verwanten besuchen
wie der Josef in
Betlehem

Opa hat
Adventskranzhaare
um den Kopf

Weihnachten ist ein
Feiertag weil da am
krissbaum ganz viele
rote Kerzen brennen,

ALS MARIA SCHWANGER
WAR HAT SIE WIE MAMA
GANZ VIELE CHIPPS UND GURKEN
UND GUMMIBÄRCHEN
GEFUTTERT

genau an weihnachten
plumste das jesusbäbi
ins stro und alle
waren fro

Wegen Corona haben

wir das Grippenspiel
mit Maske geprobt

MARIA WOLLTE EIN HOTEL
MIT MINDESTENS
EINEM STERN

Mein ganz groser Bruder sagt
immer Heiland Sack bestimmt
weil da alle Weihnachts-
geschenke drin sind!

DAS GRIESKIND
mochte
GRIESBREI AM
ALERLIEBSTEN

Bei uns ist es Tratizion dass
mein Papa den Baum
schmückt und Mama
sich selber.

OpA isT Jetst ein ENGEL
FRÜER isT eR SOGAR SCHON
MAL VON DER SCHULE
GeFLOGEN

In Beetlehem
hat man ganz
viel Gemüse
und Blumen
angebaut.

Was lebt eigentlich alles im Lebkuchen drinne?

Weil das Jesusbäby
eine Krippe hatte,
haben die 3 Weisen
dreimal Medizin
mit gebracht.

MU
IA

Im Stall da hat es
ser gestunken weil da
war ein Schaf und ein Oxe
und ein Esel und altes Heu
und Windeln und Josef

Der Weinachtsmann und das Christkind streiten sich immer wer die Geschenge bringen darf

jehsus hat einen heiligen
schein damit kanner auch
nachz alles sehen

Wenn man glaubt das die
Eva die alererste Frau
war ist man
evagelisch

BEI MARIA HAT DIE GEBURT
BIS DETSEMBER GEDAUERT
ABER BEI MEINER
SCHWESTER GING ES
FIEL SCHNELLER.

Das allererste Schaf an der Krippe

wünschte
Määähri
Chrismes

Die Beschwerung gibts bei uns

immer erst nach dem Essen

Bier

Rauschgoldengel sind immer alle total besoffen!

Jesus hat eine
Bätschwörkfamilie
weil er HAt einen PAPA
und einen VATER UND
eine MutteR.

Der Heiland hat
immer nur Hei
Gesagt aber gar
nie Grüs Gott

Weihnachten gibt es auf der ganzen Welt ganz viele verschiedene Bräuche

MAMA GEHT WEIHNACHTEN
WENN ICH SCHON SCHLAFE
IMMER ZUR
MÜTTERNACHTSMESSE

DIE 3 WEISEN WAREN
HELL SEHER WEIL DIE
DEN STERN SOGAR
AM TAG SEHEN KONNTEN.

Beim Weihnachtsessen
dürfen wir keinen
kwatsch machen
weil da herrscht
Tischziplin.

JESUS IST DER MEHRSIAS
WEIL DER KANN VIEL
MEHR MACHEN WIE DIE
MENSCHEN

WARUM HEIST DAS
WACHSKERZEN WENN
Die immer
kleiner werden?

Wie viele Jesusse gibts eigentlich weil jedes Jahr einer geboren wird und einer stirbt?

In Juhusalem haben sich alle ser über das Christ-kind gefreut!

DER
WEIHNACHTSMANN
SIEHT UNTENRUM
AUS WIE DER
NIKOLAUS!

Weil man das nicht sagen darf das Omas Plätzchen nicht schmeggen grieg ich immer Bauchweh

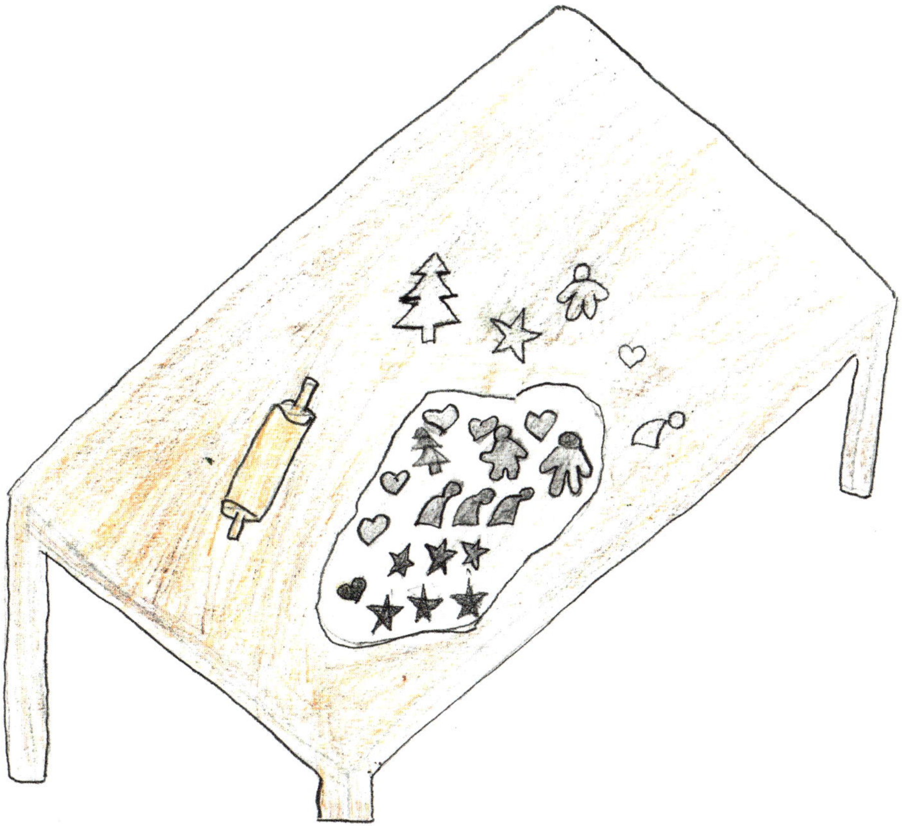

WEIL DER SO LANGE NICHT BEI
MARIA LANDEN KONNTE HEIST ER
DER HEILIGE KREIST.

PAPA SAGT IMMER GANZ
WÜDEND GLEICH BRENNT
DER BAUM ABER DAS
MUS DOCH
SO SEIN.

Kasper hat nur Kwatsch gemacht, Melchiohr konnte am besten hören und Balltasar am besten kicken.

MARIA UND JOSEF
HATTEN IM STALL NICHT
MAL EINEN TANENBAUM

ES HEiST STiLLE
NACHT WEiL DA
MARiA DAS
JESUSBEBi GESTiLLT
HAT

AM HEIMLICHEN ABEND
MUSS SICH DAS
CHRISTKIND UND DER
WEIHNACHTSMANN
IMMER
VERSTECKEN.

ALLE GUTEN GABEN
ALLES WAS WIR HABEN
KOMMT O GOTT VON
DIR WIR TANKEN
DIR DAFÜR

DER COUNTBAUM LÄUFT...

DANN GIBBS ENDLICH MEINE GESCHENKE

Hartmut Ronge ist vielseitiger Autor im Bereich Humor und Satire, Sachbuch, Mundart – und schreibt unter Pseudonym für unterschiedliche Verlage. Seit Jahren sammelt er originelle Sprüche, Texte und Zeichnungen von Kindern aus dem Bekannten- und Freundeskreis. Für dieses Buch hat er die schönsten Bilder und kreativsten Aussagen zum Thema Advent und Weihnachten von seinen kleinen Freunden zusammengestellt. Hartmut Ronge hat zwei Kinder, lebt mit seiner Regierung in Stuttgart und lässt sich schon seit Jahren immer wieder zum 38. Geburtstag gratulieren – das hält jung. Er wurde wegen besonderer Verdienste zuhause u. a. bereits mehrfach mit dem goldenen Spülmaschineneinräumpreis ausgezeichnet.

Ein großes fettes Dankeschön geht an die mitwirkenden Künstler*innen:
Anja (6), Anja (8), Anny (9), Cordt (7), Emilia (8), Emmi (11), Ferdinand (6), Hannah-Sophie (6), Harro (9), Jakob (10), Julius (8), Klara (8), Lara-Marie (9), Laurenz (5), Lea (8), Lena (9), Luise (9), Maja (8), Mia (9), Mia Sophie (8), Pauline E. (5), Pauline R. (5), Pia (7), Rosa (7), Susi (9), Toni (6) und Vincent (12).

1. Auflage 2023

– Originalausgabe –

ISBN 978-3-8303-6416-0

Text und Illustrationen: Hartmut Ronge und alle mitwirkenden Kinder
Redaktion: Antje Haubner, Paula Budwasch
Layout und Herstellung: Monika Swirski, Sarah Landwehr
Covergestaltung: Monika Swirski

Wir produzieren nachhaltig
- Klimaneutrales Produkt
- Papiere aus nachhaltigen und kontrollierten Quellen
- Hergestellt in Europa

FSC www.fsc.org MIX Papier | Fördert gute Waldnutzung FSC® C002795

Fotonachweis:
Seiten 6/7, 8/9, 18/19, 28/29, 36/37, 48/49, 50/51, 60/61, 68/69, 82/83, 84/85, 90/91, 93: Rawpixel.com by Shutterstock.com
Seiten 12/13, 14/15, 22/23, 24/25, 32/33, 42/43, 46/47, 54/55, 56/57, 70/71, 80/81, 86/87: Efthymia by Shutterstock.com
Seiten 11, 16, 20, 26, 41, 45, 64, 72, 79: Jiri Hera by Shutterstock.com
Seiten 38/39, 74/75: Lyudmyla Kharlamova by Shutterstock.com
Cover: Andrius_Saz, Joanna by Shutterstock.com; Dorota Joanna Dorota by Shutterstock.com